BOOK

LES 7 HABITUDES DE CEUX QUI RÉALISENT TOUT CE QU'ILS ENTREPRENNENT

RÉSUMÉ ET ANALYSE
DU LIVRE DE STEPHEN R. COVEY

Par Soraya Belghazi

50MINUTES.fr

LES 7 HABITUDES DE CEUX QUI RÉALISENT TOUT CE QU'ILS ENTREPRENNENT 1

MISE EN CONTEXTE 4

L'auteur

Contexte

SYNTHÈSE DES *7 HABITUDES DE CEUX QUI RÉALISENT TOUT CE QU'ILS ENTREPRENNENT* *8*

Quatre principes clés à l'origine des ***7 habitudes***

Les sept habitudes

Les méthodes pour mieux se gérer soi-même

Les méthodes pour mieux communiquer avec les autres

RÉPERCUSSIONS DE L'OUVRAGE 25

Critique de son approche

Extensions et approches similaires

EN BREF 31

POUR ALLER PLUS LOIN 36

LES 7 HABITUDES DE CEUX QUI RÉALISENT TOUT CE QU'ILS ENTREPRENNENT

AMÉLIORER SON EFFICACITÉ PERSONNELLE TOUT EN RESTANT AUTHENTIQUE

Les habitudes jouent un rôle très important dans notre quotidien et déterminent en grande partie notre efficacité… ou au contraire notre inefficacité. Quelles sont les bonnes habitudes qui peuvent faire une différence positive dans notre vie et comment se débarrasser de nos « mauvaises » habitudes ?

Depuis sa publication en 1989, l'ouvrage de Stephen Covey (auteur, homme d'affaires et conférencier américain, 1932-2012), *The Seven Habits of Highly Effective People*, est devenu un best-seller planétaire, traduit en une quarantaine de langues et vendu à plus de 25 millions d'exemplaires à travers le monde. Covey a enseigné le leadership et le management dans les universités américaines les plus prestigieuses, mais il a surtout travaillé comme consultant pendant plusieurs années, accompagnant des individus et des entreprises, ce qui lui a permis de développer une approche à la fois théorique et pratique de l'efficacité personnelle.

La force des *7 habitudes* réside sans aucun doute dans le fait qu'elles peuvent s'appliquer à tous les domaines de la vie, qu'il s'agisse de problèmes personnels ou professionnels. Cette méthode est personnalisable dans la mesure où chaque habitude se construit sur les valeurs propres à chaque individu. Contrairement aux ouvrages de développement personnel qui mettent l'accent sur le comportement, il s'agit ici d'ancrer le changement dans la durée grâce à un travail sur soi-même.

Êtes-vous prêt(e) à sortir de votre quotidien et à remettre en question votre façon de penser et d'agir pour mieux exploiter votre potentiel ? Grâce à cet ouvrage d'introduction aux *7 habitudes*, découvrez en 50 minutes quelles sont les bases de la méthode Covey et comment celle-ci peut vous aider à reprendre votre vie en main.

Quelques données

- **Référence ?** Covey (Stephen R.), *The Seven Habits of Highly Effective People*, New York, Free Press, 2004.
- **1re édition ?** 1989
- **Auteur ?** Stephen Richards Covey (professeur de management, coach et entrepreneur. Né le 23 octobre 1932 à Salt Lake City, États-Unis – décédé le 16 juillet 2012 à Idaho Falls, États-Unis)
- **Mots-clés ?**
  - **Leadership :** capacité à agir de manière proactive pour exercer une influence positive sur les autres, en gardant toujours à l'esprit le but final de ses actions.
  - **Intégrité :** capacité à agir au quotidien en accord avec ses valeurs.
  - **Capital confiance :** degré de confiance que

les autres nous accordent sur base de nos actes passés, en particulier notre capacité à interagir avec eux de manière désintéressée et empathique.

- **Synergie :** mise en commun d'idées, de ressources ou d'actions permettant d'obtenir un résultat supérieur à la simple addition d'idées, de ressources ou d'actions séparées.

MISE EN CONTEXTE

L'AUTEUR

Stephen Covey naît en 1932 dans l'Amérique profonde (Utah) et grandit dans une famille mormone pratiquante. Titulaire d'un MBA (Master en gestion d'entreprise) de la prestigieuse Université de Harvard, il rédige une thèse de doctorat sur l'enseignement religieux à la Brigham Young University. C'est d'ailleurs dans cette dernière institution qu'il enseigne plusieurs années avant de lancer son entreprise de consultance en 1985.

Grâce au succès planétaire des *7 habitudes de ceux qui réalisent tout ce qu'ils entreprennent*, ouvrage publié en 1989, il développe ses activités de coaching, de formateur et de consultant pour diverses entreprises, organisations ou particuliers.

En 1997, il fusionne son entreprise avec celle de Hyrum Smith, un autre expert en efficacité personnelle, également mormon, connu pour avoir créé le *Franklin Planner*, un outil de gestion du temps inspiré par Benjamin Franklin (1706-1790), l'un des pères fondateurs des États-Unis. Dans son autobiographie, ce dernier énumère une liste de « treize vertus » dont se sont inspirés de nombreux théoriciens américains de l'éthique et du développement personnel, dont Smith et Covey. La nouvelle entreprise, nommée FranklinCovey, est cotée à la bourse de New York et propose des services de coaching et de conseil stratégique dans le monde entier.

Père de neuf enfants, Stephen Covey évoque régulièrement son expérience familiale dans ses ouvrages pour illustrer divers principes de leadership. Les *7 habitudes* ne font pas exception. Il y évoque notamment l'année sabbatique passée avec sa famille à Hawaï, période durant laquelle il a rédigé le manuscrit des *7 habitudes*. Il y relate aussi les difficultés que sa femme Sandra (1957-2012) et lui-même ont éprouvées avec l'un de leurs fils en échec scolaire.

Après avoir reçu de nombreux prix pour sa contribution aux théories de management et après la publication de nombreux autres ouvrages explorant des aspects connexes aux *7 habitudes*, Covey retourne enseigner le management à l'université d'État de l'Utah en 2010, avant de décéder des suites d'un accident de vélo le 16 juillet 2012 à l'âge de 79 ans.

CONTEXTE

Les ouvrages de management et de développement personnel ont connu un véritable essor dans les années 1980 et 1990 aux États-Unis. Les *7 habitudes* s'inscrivent dans cette tendance. Covey reprend notamment plusieurs concepts développés dans les années 1960 et 1970 par Peter Drucker (1909-2005), l'un des grands théoriciens du management. Drucker est d'ailleurs l'un des premiers à parler de l'efficacité comme d'une habitude dans son ouvrage de 1967 intitulé *The Effective Executive*.

Lors de ses recherches doctorales, Covey passe en revue un nombre considérable d'ouvrages sur le succès et le développement personnel, s'intéressant en particulier à la gestion du temps par les individus et à la communication interpersonnelle. Malgré ses nombreuses inspirations « classiques », l'approche de Covey présente une certaine originalité, qui explique en grande partie le succès immédiat de son ouvrage.

Tout d'abord, Covey rejette ce qu'il appelle « l'éthique de la personnalité », c'est-à-dire la tendance alors dominante dans les programmes de développement personnel qui consiste à présenter le succès comme une fonction de la personnalité, de l'image, de l'attitude et du comportement, ou encore comme le résultat de techniques et de compétences spécifiques. Ainsi, les adeptes de l'éthique de la personnalité conseillent aux individus d'adopter une attitude mentale positive et d'imiter les pratiques des personnes auxquelles ils souhaitent ressembler afin de reproduire la « recette » du succès.

Covey dénonce ce type de conseils comme de fausses solutions inopérantes à long terme, car elles ne favorisent pas la compréhension de soi mais plutôt l'imitation des autres en fonction ce que l'on a envie d'être. Il défend au contraire un retour aux théories classiques des XVIIIe et XIXe siècles visant à développer une « éthique de caractère ». Le caractère, contrairement à la personnalité, fait référence aux valeurs internes d'un individu, plutôt qu'à son comportement externe. Il repose sur des valeurs comme l'intégrité, l'humilité, la fidélité, etc. ces fameuses « vertus » que vante Benjamin Franklin dans son autobiographie. Covey est en effet convaincu que les individus ont tendance à faire confiance à des gens dont ils connaissent le caractère, plutôt que de se fier à leur comportement.

Le deuxième aspect original de la méthode Covey est qu'elle englobe à la fois la sphère privée et la sphère professionnelle. Contrairement aux ouvrages de management comme *Le manager minute* (1980) de Ken Blanchard et Spencer Johnson, pour ne citer qu'un exemple, l'ouvrage de Covey a pour vocation d'être utilisé par les individus comme par les organisations. Les exemples cités dans l'ouvrage sont d'ailleurs plus souvent tirés de l'expérience personnelle de Covey comme mari, père, professeur et coach, que comme manager ou consultant d'entreprise. Grâce à leur portée générale et universelle, les sept habitudes présentées s'adressent à un large public aux besoins variés.

SYNTHÈSE DES *7 HABITUDES DE CEUX QUI RÉALISENT TOUT CE QU'ILS ENTREPRENNENT*

QUATRE PRINCIPES CLÉS À L'ORIGINE DES *7 HABITUDES*

Pour bien comprendre la portée des sept habitudes épinglées par Stephen Covey, il est utile de définir quelques notions au préalable. En effet, l'auteur fait reposer l'ensemble de son approche sur quelques principes fondamentaux qui restent relativement méconnus.

La différence entre caractère et personnalité

La notion de « caractère » est au cœur de la philosophie des *7 habitudes*. Pour Covey, le succès n'est pas une fonction de la personnalité mais bien du caractère. Au lieu de se focaliser sur les manifestations « extérieures » du comportement, il fait plutôt référence aux valeurs fondamentales d'un individu, telles que l'intégrité, la fidélité, la tempérance, le courage, la justice, la patience, la simplicité, etc. Fortement valorisés aux XVIIIe et XIXe siècles, ces traits de caractère ont malheureusement tendance à être négligés par les théoriciens de l'efficacité personnelle à partir du XXe siècle.

Adopter de nouvelles habitudes doit donc relever d'une démarche « intérieure ». Il ne s'agit pas d'imiter les personnes qui réussissent en espérant récolter les mêmes résultats. Il faut au contraire agir en cohérence avec ses propres valeurs et travailler à la compréhension de soi. Comme le souligne

Covey, nous ne faisons vraiment confiance qu'aux gens dont nous connaissons le caractère. Ce que nous sommes « communique » de manière beaucoup plus éloquente que ce que nous disons ou ce que nous faisons.

Le changement de paradigme

Un paradigme est un cadre de référence, un modèle de pensée. C'est en quelque sorte la façon dont nous percevons le monde, dont nous le comprenons et l'interprétons.

Covey parle de « carte mentale » pour souligner le fait qu'une même situation n'est jamais vécue de la même manière par deux personnes. Les « cartes » que nous élaborons pour mieux maîtriser notre environnement ne sont au final que des reproductions imparfaites de la réalité, c'est pourquoi il existe autant de cartes différentes que de cartographes...

Dans les années 1960, le philosophe américain Thomas Kuhn (1922-1996) a montré comment la quasi-totalité des grandes découvertes scientifiques sont le résultat de ruptures avec la tradition et l'ancienne façon de penser. Covey parle alors de « changement de paradigme ». Ainsi, en mettant le Soleil, et non plus la Terre, au centre de l'univers, Copernic (astronome polonais, 1473-1543) a bouleversé notre façon de voir le monde et la place qu'occupe l'homme en son sein.

La plupart des individus font l'expérience d'un changement de paradigme à des moments charnières de leur vie. Une naissance ou un décès, par exemple, peuvent nous amener à revoir nos priorités et à nous détacher de notre ancienne façon de penser ou de fonctionner. La notion de paradigme est ainsi cruciale pour nous aider à prendre conscience des habitudes dont nous sommes prisonniers.

Comme le résume très bien Covey lui-même : « Le problème, c'est la façon dont nous voyons le problème » (p. 40). Changer notre attitude ne peut avoir qu'un impact limité sur notre vie, alors que remettre en cause nos paradigmes de base peut nous permettre d'accomplir des changements majeurs.

Le cercle d'influence

Pour Covey, il existe des principes immuables, des « lois de la nature », qui déterminent l'efficacité de l'action humaine. Ces principes ne sont ni des valeurs, ni des pratiques, car ces dernières peuvent changer. Ce sont plutôt des paramètres de base, des évidences qui encadrent de manière immuable les actions humaines et contre lesquelles il est impossible d'argumenter, tels les principes de justice et de dignité humaine. En même temps, Covey postule que les hommes ont un libre arbitre et qu'ils peuvent décider de leur vie en choisissant la manière dont ils répondent à des situations données.

La difficulté consiste donc à déterminer la nature et l'étendue du « cercle d'influence » de chaque individu. En d'autres termes, il nous faut reconnaître que chacun d'entre nous dispose ne d'un véritable pouvoir d'action que sur un nombre limité de choses et de personnes, qui forment notre cercle d'influence. Mais notre « cercle d'intérêts » est typiquement plus vaste que notre cercle d'influence. Parmi les sujets qui sont importants pour nous, qui font partie de notre cercle d'intérêts, certains sont indépendants de notre volonté, comme la santé d'un proche en fin de vie.

Pour être efficace, nos efforts doivent donc s'inscrire dans notre cercle d'influence, et nous devons éviter de consacrer notre temps à des causes perdues d'avance. Chacune des sept habitudes vise précisément à identifier notre cercle d'influence individuel et à l'étendre au maximum.

Le capital confiance

Le dénominateur commun des quatrième, cinquième et sixième habitudes est la notion de « capital confiance » (en anglais, *emotional bank account* ou « compte bancaire émotionnel »). Cette métaphore a été développée par Covey pour nous aider à « mesurer » le degré de confiance que nous accordons à une relation humaine.

L'idée est que nos interactions avec une autre personne contribuent à augmenter, ou au contraire à diminuer, notre capital confiance auprès de cette personne. Les actes de sympathie et les coups de pouce désintéressés permettent d'augmenter le niveau des « réserves » de confiance. Cela signifie que la personne qui a bénéficié de nos contributions est susceptible de nous rendre la pareille en cas de besoin, voire de nous pardonner nos erreurs, au vu des échanges passés.

En revanche, lorsque nous faisons régulièrement appel à l'aide de quelqu'un sans rien donner en retour, notre capital confiance auprès de cette personne se réduit à la portion congrue, et il est probable qu'elle soit moins disposée à nous aider en cas de besoin. Chercher à augmenter son capital confiance dans chaque relation humaine importante, que ce soit au travail ou en famille, constitue pour Covey la base du succès et de l'interdépendance.

LES SEPT HABITUDES

Après avoir défini les notions de base, il est temps de présenter les fameuses « sept habitudes » au cœur de la méthode Covey. En voici un aperçu synthétique :

Les victoires privées
1. Sois proactif 2. Commence en pensant à la fin 3. Commence par le début
Les victoires publiques
4. Pense gagnant-gagnant 5. Essaie de comprendre avant d'être compris 6. Recherche les synergies
La consolidation des victoires
7. Aiguise ta scie

Les 7 habitudes de ceux qui réalisent tout ce qu'ils entreprennent © 50MINUTES.fr

Habitude n°1 – Sois proactif

Cette première habitude consiste principalement à développer une mission personnelle et à chercher au quotidien des moyens de la mettre en œuvre. Covey s'oppose à tout déterminisme, c'est-à-dire à l'idée que nous sommes conditionnés pour répondre d'une certaine manière à une situation donnée. Il considère au contraire que la liberté réside précisément dans la capacité des individus à choisir quelle réponse apporter face à un stimulus donné. Être proactif, ce n'est pas seulement prendre des initiatives : cela signifie être responsable de sa propre vie et de ses choix. Pour Covey, « notre comportement est une fonction de nos décisions, pas de notre condition » (p. 71).

Habitude n°2 – Commence en pensant à la fin

L'habitude n°2 consiste à développer une vision stratégique, et plus généralement à faire preuve de leadership. Pour connecter avec nos valeurs fondamentales et faire les bons choix, Covey nous met au défi de penser à notre mort et à ce que nous aimerions que les gens retiennent de nous, au sens que nous voulons donner à notre vie.

Penser à la fin dès le début est un bon moyen de s'assurer que nos actions quotidiennes ne vont pas à l'encontre de nos valeurs et des critères que nous avons définis comme importants pour réussir. Que ce soit au niveau professionnel ou personnel, chaque individu possède sa propre définition du succès et doit s'en servir pour guider ses actions.

Cependant, Covey va plus loin et énonce un principe selon lequel « toute chose est créée deux fois ».

- La première création est mentale : il s'agit de l'idée.
- La deuxième création est « physique » : elle correspond à la réalisation concrète de cette idée.

Pour être efficace, un leader doit anticiper la réalisation de son idée. La deuxième habitude, qui a trait à la conception et au leadership, est donc intimement liée à l'habitude n°3 qui a trait à la réalisation et au management. En entreprise, les employés sont souvent enfermés dans le paradigme du management et de la gestion quotidienne. Ils ne prennent pas assez de recul et négligent de consacrer du temps à la réflexion stratégique. Être véritablement efficace est pourtant impossible sans cultiver son leadership. À quoi bon améliorer les processus ou les méthodes si l'objectif que l'on cherche à atteindre n'est finalement pas le bon ?

Habitude n°3 – Commence par le début

Cette habitude, parfois traduite « donner la priorité aux priorités », peut sembler évidente de prime abord. Pourtant, elle est souvent négligée dans la pratique. Faire les choses dans le bon ordre requiert en réalité une certaine discipline, et les individus ont naturellement tendance à privilégier les tâches faciles ou agréables au détriment des tâches qui leur demandent un effort supérieur mais dont la réalisation les rapproche de leurs objectifs. Pour Covey, savoir se gérer soi-même exige de l'intégrité, c'est-à-dire le courage d'agir en accord avec ses valeurs. Après avoir visualisé les objectifs poursuivis (la « fin » de l'habitude n°2), il faut définir ses priorités et travailler à les mettre en œuvre.

Des principes ordonnés

L'ordre des sept habitudes n'est pas fortuit. En réalité, chaque habitude est indispensable à la réalisation de la suivante. En effet, pour devenir interdépendant, il faut d'abord être indépendant.

- Les habitudes n°1, 2 et 3 visent à atteindre cette indépendance. Covey parle de « victoires privées » pour souligner le fait que ces trois premières habitudes ont trait à la gestion de soi.
- Les habitudes n°4, 5, et 6 mènent quant à elles à un niveau supérieur, celui des « victoires publiques ». Celles-ci reposent sur l'interdépendance entre plusieurs individus indépendants. Ces habitudes visent à augmenter notre efficacité grâce à des relations humaines riches, productives et durables.

Habitude n°4 – Pense gagnant-gagnant

Avec cette quatrième habitude, Covey nous invite à considérer chaque interaction humaine comme une source de bénéfice mutuel. Cet état d'esprit repose sur l'idée qu'il est presque toujours possible d'atteindre un résultat qui satisfasse pleinement toutes les parties. En d'autres termes, Covey rejette l'idée que le bonheur des uns fait le malheur des autres. Le secret réside dans notre capacité à voir un problème comme une opportunité d'apporter une solution.

Ainsi, lorsqu'un client arrive dans un magasin pour se plaindre d'un produit défectueux, le bon vendeur perçoit tout de suite cet échange non pas comme un exercice désagréable de réparation ou de compensation, mais comme une opportunité de réparer la relation de confiance avec le client en lui apportant la meilleure solution possible.

Malheureusement, notre environnement reste encore fortement influencé par la philosophie du gagnant-perdant. À l'école, les élèves sont classés en fonction de leurs notes ; il n'y a pas de « meilleurs élèves » sans « mauvais élèves ». Dans les entreprises, les employés sont souvent augmentés ou promus après une comparaison de leurs performances à celles de leurs collègues. Covey nous propose de remettre en cause cet état de fait en favorisant la coopération plutôt que la concurrence.

Habitude n°5 – Essaie de comprendre avant d'être compris

Communiquer de manière empathique est la clé de la cinquième habitude pointée par Covey. Le besoin d'être compris est l'un des sentiments les plus universellement partagés par les hommes. La plupart des gens pensent que, pour avoir de l'influence, il faut savoir communiquer, c'est-à-dire émettre des messages clairs et convaincants. Pour Covey, la véritable influence vient du fait de savoir écouter les autres.

Trop souvent, nous écoutons ce qu'on nous dit avec l'objectif de préparer une réponse, au lieu de chercher d'abord à comprendre. Or, lorsqu'on prépare sa réponse en écoutant quelqu'un, il est impossible de comprendre son paradigme, de se mettre à sa place. En préparant notre réponse, nous filtrons le sujet à travers nos propres valeurs et notre propre expérience, ce qui empêche une véritable empathie avec notre interlocuteur. Le défi consiste à éviter de juger ou d'interpréter trop vite ce que nous disent les autres. Au contraire, l'important est d'écouter en cherchant tout simplement à les comprendre. Ce type d'écoute contribue de manière significative à augmenter notre capital confiance et donc, notre influence.

Habitude n°6 – Recherche les synergies

Cette sixième habitude est en quelque sorte l'aboutissement des cinq premières. Elle repose sur l'idée d'intelligence collective. On pourrait résumer le principe de synergie par 1 + 1 = 3. Au sein d'un groupe, la confrontation d'idées entre plusieurs individus permet souvent de créer des solutions auxquelles aucun individu n'aurait pu aboutir seul. En pratique, la recherche de synergies nous amène à valoriser les différences de points de vue, plutôt qu'à les craindre.

Les efforts de certaines entreprises pour introduire des profils plus diversifiés au sein de leur conseil d'administration sont une conséquence directe du principe de synergie. Grâce à la confrontation de points de vue différents, les entreprises peuvent trouver des solutions innovantes et plus efficaces aux problèmes qu'elles rencontrent. Une culture trop homogène, en revanche, prive souvent les organisations de talents différents et les empêche de saisir des opportunités… dont leurs concurrents finissent par s'emparer.

Habitude n°7 – Aiguise ta scie

Cette septième et ultime habitude a pour but de consolider toutes les autres. Pour illustrer ce principe d'« auto-renouvèlement », Covey donne l'exemple d'un homme essayant d'abattre un arbre avec une scie mal aiguisée et à qui on demande s'il ne vaudrait pas mieux qu'il aiguise sa scie afin qu'elle soit plus tranchante. L'homme répond « je n'ai pas le temps d'aiguiser ma scie, je suis en train de couper un arbre » (p. 287). Cette attitude est typique des individus qui, lorsqu'ils sont sous pression, restent « le nez dans le guidon » sans questionner l'efficacité de leur approche. Bien souvent, prendre un peu de temps pour réfléchir à sa méthode et l'améliorer permet d'atteindre ses objectifs de manière plus efficace, et donc de gagner du temps à long terme.

LES MÉTHODES POUR MIEUX SE GÉRER SOI-MÊME

Covey suggère plusieurs manières de mettre en pratique les trois premières habitudes et ainsi atteindre les « victoires privées ». En ressortent cinq recommandations que Covey nous encourage à suivre.

- **Systématiquement respecter ses propres engagements.** Un élément essentiel de notre cercle d'influence réside dans notre capacité à tenir nos propres promesses. Dans la vie professionnelle comme dans le cercle privé, respecter ses engagements permet de renforcer son intégrité et son capital confiance mais aussi de garder le contrôle sur sa vie. Par ailleurs, tenir ses promesses envers soi-même est une étape indispensable pour pouvoir ensuite tenir ses promesses envers les autres.

- **Utiliser un langage proactif, plutôt que réactif.** Dans des situations difficiles, il est important de réaliser que ce n'est souvent pas ce qui nous arrive qui nous cause du tort, mais plutôt la façon dont nous réagissons. Une manière concrète de réduire l'impact négatif de certains événements sur nos vies est de changer notre langage. En adoptant un langage proactif plutôt que réactif, nous préparons notre cerveau à trouver des solutions au lieu de nous laisser submerger par les difficultés.

Si nous devons sacrifier une soirée en famille pour finir une tâche au bureau par exemple, il est tentant de dire à nos proches : « Je dois rester au bureau ce soir, je n'ai pas le choix. » Pourtant, il serait plus honnête, et surtout plus motivant, de dire tout simplement : « J'aimerais être avec vous mais j'ai décidé de rester plus tard au bureau pour finir ce travail parce qu'il s'agit d'un projet important et que je veux que mes collègues puissent compter sur moi dans cette période d'activité intense pour l'entreprise. Je suis convaincu que, grâce à ces efforts, nous aurons bientôt bouclé le projet, ce qui me permettra de passer plus de temps avec vous les prochaines semaines. »

- **Élaborer sa mission personnelle.** Un élément essentiel dans la mise en œuvre de l'habitude n° 2 est l'élaboration, par chaque individu et chaque entreprise, d'une déclaration de mission personnelle. La déclaration de mission (*mission statement* en anglais) doit être écrite et faire appel aux valeurs fondamentales et intemporelles qui rendent la personne ou l'entreprise unique. Grâce à elle, il est possible à tout moment de mesurer son efficacité en se posant la question : est-ce que ce que je m'apprête à faire va m'aider à atteindre mon objectif, tel que formulé dans ma mission personnelle ?

  À titre d'exemple, la déclaration de mission de l'entreprise FranklinCovey est : « Permettre aux individus et aux organisations à travers le monde d'atteindre l'excellence » (site officiel de FranklinCovey).

- **Utiliser la visualisation pour changer son comportement.** La visualisation est une technique qui peut aider chacun de nous à intégrer sa mission personnelle à son comportement quotidien. Elle fait appel à l'hémisphère droit du cerveau. Pour se débarrasser de nos mauvaises habitudes, par exemple notre tendance à nous énerver sur un collègue qui est lent à comprendre les instructions que nous lui donnons, il nous faut visualiser la situation mentalement et imaginer quelle serait une réponse plus appropriée en fonction des valeurs et des principes définis dans notre mission personnelle. En écrivant le « script » à l'avance, il nous est plus facile de le mettre en œuvre par la suite quand la situation se présente.
  Ainsi, si nous décidons de nous asseoir à côté de notre collègue et de lui expliquer la tâche étape par étape de manière calme afin de nous assurer qu'il a tout compris, il nous sera plus facile de contrôler notre impatience. Les techniques de visualisation sont bien connues des athlètes qui les utilisent pour s'entraîner mentalement à atteindre une performance optimale.

- **Définir ses priorités et consacrer un maximum de temps à les mettre en œuvre, y compris en réalisant les tâches importantes mais non urgentes.** Pour ce faire, Covey reprend la célèbre matrice d'Eisenhower (homme d'État américain, 1890-1969), qui classe les activités humaines en quatre grandes catégories.

La matrice d'Eisenhower

Les catégories I et II de cette matrice correspondent aux activités importantes, c'est-à-dire à la réalisation de nos objectifs. Notre planning quotidien doit consacrer un maximum de temps à ces activités, y compris les activités importantes mais non urgentes. Celles-ci sont en effet au cœur de l'efficacité personnelle. Anticiper les problèmes ou réfléchir à des améliorations possibles nous permet de gagner de l'efficacité à long terme.
Consacrer trop de temps aux activités des catégories III et IV, en revanche, nous éloigne souvent de nos objectifs. Lorsque cela est possible, nous devons chercher à déléguer ces activités à d'autres personnes, voire à les aban-

donner, afin de nous concentrer sur ce qui est vraiment important.

LES MÉTHODES POUR MIEUX COMMUNIQUER AVEC LES AUTRES

Covey distingue six manières principales d'augmenter son capital confiance auprès des autres :

- **Chercher à comprendre les priorités des autres.** Ce n'est pas parce que j'aime parler pendant des heures avec ma collègue directe qu'elle apprécie cet échange de la même manière que moi. Pour que le capital confiance augmente, il faut que la personne qui reçoit le « dépôt » le valorise elle aussi.
- **Ne pas négliger les petites choses.** Les petites attentions du quotidien, comme un simple bonjour avec le sourire, font parfois toute la différence.
- **Tenir ses engagements.** Respecter la parole donnée augmente automatiquement le capital confiance. Ne pas respecter ses engagements, quels qu'ils soient, entame au contraire sérieusement le capital confiance.
- **Formuler ses attentes de manière claire.** Une communication insuffisante ou peu claire des attentes de chacun finit toujours par créer des malentendus et, par conséquent, une perte de confiance.
- **Agir avec intégrité.** Être honnête et cohérent dans ses propos est à la base de la confiance. Dire à quelqu'un le contraire de ce qu'on a dit à quelqu'un d'autre, c'est faire preuve de duplicité et ne pas être digne de confiance.

- **S'excuser sincèrement lorsqu'on fait un « retrait » dans son capital.** Avoir le courage de reconnaître ses erreurs est fondamental pour garder la confiance d'autrui.

Une fois qu'un individu dispose d'un niveau élevé de capital confiance, il peut le mettre à profit pour exercer son influence et obtenir des résultats. Il ne s'agit pas toutefois d'imposer ses exigences aux autres mais bien de rechercher des solutions gagnant-gagnant. Dans le contexte professionnel, mais aussi personnel, nous sommes souvent amenés à négocier avec autrui avant de prendre une décision. L'attitude gagnant-gagnant signifie chercher non seulement des conditions avantageuses pour soi-même, mais aussi un résultat optimal pour les autres. Pour ce faire, Covey recommande d'inclure les cinq éléments suivants dans toute négociation :

- un accord sur l'objectif à atteindre, plutôt que sur les moyens de l'atteindre ;
- des lignes directrices pour fixer les principes et les contraintes à respecter par tous ;
- les ressources nécessaires, qu'elles soient financières, techniques, humaines ou organisationnelles ;
- les modalités d'évaluation et de contrôle qui permettront de vérifier que les critères ont bien été respectés ;
- les conséquences en cas de respect ou de non-respect des critères d'évaluation.

Le premier point est particulièrement important pour Covey. Même en dehors d'un contexte de négociation, l'accord sur les objectifs à atteindre est à la base de toute délégation efficace. En effet, il permet de ne pas décrire exactement ce que la personne doit faire et de lui laisser une certaine liberté dans le choix des moyens pour atteindre l'objectif. La personne à qui la tâche est confiée a ainsi la satisfaction de pouvoir choisir la méthode qui lui convient le mieux et se sent ainsi responsable des résultats.

En pratique, cette façon de déléguer demande un peu plus de temps au début, car il faut clarifier les attentes et s'assurer que la personne comprend les objectifs et les contraintes. Toutefois, à moyen terme, la personne devient plus indépendante et nous aide à gagner en efficacité.

RÉPERCUSSIONS DE L'OUVRAGE

CRITIQUE DE SON APPROCHE

Le succès planétaire des *7 habitudes* n'a pas empêché Stephen Covey de faire l'objet de nombreuses critiques.

- On lui reproche notamment de recycler des concepts déjà existants, voire d'énoncer des évidences (comme de « commencer par le début »).
- Certains critiquent par ailleurs son recours systématique à des anecdotes tirées de sa vie personnelle, plutôt qu'à des recherches empiriques menées dans un cadre scientifique ou universitaire.
- Son approche « tout-en-un », qui promet de s'appliquer à la fois à la vie privée et au contexte professionnel, suscite aussi des débats, même s'il faut reconnaître que Covey démontre de manière assez convaincante que les deux aspects sont souvent indissociables et que le caractère et les valeurs d'un individu influencent aussi bien son efficacité personnelle que son efficacité professionnelle.

Dans son *Guide du leadership* (2007), Bernard Radon reproche plus généralement à Covey de ne pas tenir compte des contraintes extérieures. Pour Radon, les *7 habitudes* peuvent se résumer à la maxime suivante : « Quand on veut, on peut. » Or, en pratique, la volonté suffit rarement et les individus doivent prendre en compte de nombreuses contraintes liées au milieu dans lequel ils évoluent. Dans le contexte professionnel en particulier, une culture d'entreprise rigide qui décourage l'initiative individuelle peut empêcher un employé désireux de mettre en œuvre les sept habitudes de choisir les méthodes de travail les plus efficaces pour lui, voire de travailler en accord avec ses valeurs. Plus généralement, comme le souligne l'hebdomadaire *The Economist* dans sa notice nécrologique de juillet 2012 sur Stephen Covey, combiner les travaux de plusieurs individus efficaces ne suffit pas pour obtenir une entreprise efficace. C'est pourquoi la perspective individualiste de Covey doit être complétée par une approche plus subtile et plus complexe, prenant en compte les contraintes structurelles et organisationnelles.

La dimension éthique des *7 habitudes* est quant à elle à la fois l'objet de louanges et de critiques. Côté positif, l'approche de Covey a le mérite de réintégrer la morale dans la pratique du management et du leadership, en mettant en avant les valeurs d'intégrité, d'honnêteté et d'authenticité. Au lieu de chercher à changer notre attitude de manière superficielle et sans considération pour la nature des buts à atteindre, Covey nous invite à réfléchir à la dimension morale de nos actions. Pour lui, la véritable confiance et l'estime de soi requièrent d'être honnête avec soi-même, en accord avec ses propres valeurs, plutôt que de « jouer un rôle ». Cette recherche de la moralité n'est toutefois pas exempte d'un certain prosélytisme religieux. Bien que les sept habitudes soient formulées de telle sorte à ce qu'elles puissent être appliquées par tout individu, quelles que soient ses convictions personnelles, Covey, en mormon convaincu, ne fait pas mystère de sa foi chrétienne, qu'il considère comme le fondement de son approche. Dans sa « note personnelle » en fin d'ouvrage, il écrit ainsi que « certains aspects de la nature humaine ne peuvent être appréhendés ni par la réglementation ni par l'éducation, mais nécessitent la puissance de Dieu. » (p. 319).

Paradoxalement, les *7 habitudes* sont également la cible de critiques de la part de groupes chrétiens rigoristes pour qui Covey fait l'erreur de mettre l'homme, plutôt que Dieu, au centre de sa méthode de développement personnel.

EXTENSIONS ET APPROCHES SIMILAIRES

Stephen Covey s'est inspiré de plusieurs théories pour aboutir à ses sept habitudes. Ses sources d'inspiration se trouvent dans diverses disciplines, de la littérature à la psychologie en passant par la philosophie des sciences.

Dans le cadre des « victoires privées », Covey fait notamment référence aux autobiographies de personnages illustres, dont Benjamin Franklin, déjà cité, et l'ancien président égyptien Anouar el Sadate (1918-1981). Ce dernier raconte dans ses mémoires comment son séjour en prison au Caire dans les années 1940 lui a permis de développer une force de caractère inébranlable. Viktor Frankl (1905-1997) est un autre personnage qui a considérablement influencé Covey. Survivant des camps de concentration nazis, Frankl est le créateur de la logothérapie, une forme de traitement psychologique centrée sur le besoin de « sens » des individus et sur leur dimension spirituelle. L'habitude n°2, qui prescrit de commencer en pensant à la fin, est largement inspirée de l'approche de Frankl.

Covey réutilise par ailleurs plusieurs concepts existants. Ainsi :

- l'habitude n°3, « Commence par le début », est directement issue de la matrice d'Eisenhower développée dans les années 1950 pour distinguer le niveau d'urgence et d'importance de diverses tâches avant d'établir des priorités ;
- l'habitude n°4, « Pense gagnant-gagnant », est inspirée de la méthode de négociation raisonnée exposée par Roger Fisher et William Ury dans leur célèbre ouvrage *Getting to Yes*, publié en 1981. Cette méthode repose sur l'identification d'intérêts communs par les différents partenaires d'une négociation afin de trouver un accord rationnel sur la base de critères objectifs.
- l'habitude n°6, « Recherche les synergies », fait quant à elle référence à l'analyse des champs de force développée par le sociologue Kurt Lewin (1890-1947) dans les années 1940. Selon cette théorie, réussir un changement nécessite un rééquilibrage entre les forces motrices, c'est-à-dire les facteurs qui poussent en faveur du changement, et les freins, ces forces de résistance qui visent à préserver le *statu quo*.

Par la suite, d'autres spécialistes de l'efficacité personnelle s'inspireront eux-mêmes des *7 habitudes* de Covey. Les outils pratiques qui y sont développés sont aujourd'hui encore au cœur de l'offre commerciale de l'entreprise de consultance et de coaching FranklinCovey, mais pas seulement : de très nombreuses autres entreprises de conseil s'en inspirent également, directement ou indirectement. Presque 30 ans après leur création, les sept habitudes sont encore régulièrement citées dans les formations pour cadres dirigeants à travers le monde.

Récemment, le Project Happiness, une association américaine sans but lucratif ciblant principalement les jeunes en milieu scolaire, a ainsi développé les « sept habitudes du bonheur », un ensemble de pratiques destinées à réduire son niveau d'anxiété et à retrouver sens et sérénité dans les activités quotidiennes. Le client d'œil aux *7 habitudes* de Covey est bien sûr délibéré.

Une suite bien mal reçue

On a reproché à Stephen Covey de « recycler » son concept des sept habitudes à l'excès, à des fins purement commerciales.

Ainsi, il a notamment écrit un ouvrage sur les sept habitudes des familles efficaces, alors que son fils Sean a publié une adaptation des sept habitudes pour les adolescents efficaces. La publication de son ouvrage sur la « 8e habitude » en 2004 a aussi donné lieu à des railleries.

Covey s'en explique dans la postface de l'édition de 2004 des *7 habitudes* (p. 328) : selon lui, la 8e habitude n'est pas une habitude « supplémentaire » qui aurait été oubliée dans son ouvrage d'origine en 1989. Il s'agit plutôt d'une troisième dimension dont le but est d'adapter les sept habitudes à l'évolution des technologies et à « l'ère des travailleurs de la connaissance ». Elle invite chacun à « trouver sa voix » et à encourager les autres à faire de même.

EN BREF

Si les sept habitudes de Stephen Covey ont eu un tel succès au niveau mondial, c'est indiscutablement grâce à leur portée universelle. Que l'on souhaite améliorer sa confiance en soi, sa relation de couple, ou encore sa carrière, la méthode Covey offre une panoplie d'outils très utiles pour aller de l'avant.

Elle nous permet de quitter le statut d'individu dépendant pour gagner en indépendance, voire pour atteindre l'interdépendance. Comme le résume Covey lui-même, la dépendance, c'est le « vous ». L'indépendance, c'est le « moi ». L'interdépendance, c'est le « nous ». Nous restons dépendants tant que nous avons besoin des autres pour obtenir ce que nous voulons.

En mettant en œuvre les habitudes 1 à 3, nous devenons indépendants et nous obtenons ce que nous voulons grâce à nos propres efforts. Une fois que nous avons acquis les habitudes 4 à 6, nous atteignons le stade de l'interdépendance, c'est-à-dire que nous joignons nos efforts à ceux des autres pour réussir à atteindre des objectifs supérieurs.

Tableau récapitulatif des différentes situations de dépendance et d'in(ter)dépendance

Dépendance
« Vous »
J'ai besoin des autres pour obtenir ce que je veux

↓

Indépendance
« Moi »
J'obtiens ce que je veux grâce à mes propres efforts

↓

Interdépendance
« Nous »
J'allie mes efforts à ceux des autres pour atteindre des objectifs supérieurs

Pour Covey, la société actuelle continue malheureusement de valoriser l'indépendance plutôt que l'interdépendance. La véritable efficacité personnelle ne peut se limiter à soi-même et le succès requiert de créer une dynamique collective et collaborative plutôt qu'individuelle.

Cette dynamique n'est possible qu'à condition d'acquérir les sept habitudes et de les mettre en pratique au quotidien :

- en étant proactif et en agissant en fonction de nos valeurs morales, c'est-à-dire en choisissant la façon dont nous percevons et dont nous réagissons aux circonstances extérieures, qu'elles soient bonnes ou mauvaises ;
- en faisant preuve de leadership, c'est-à-dire en développant une déclaration de mission personnelle qui reflète nos aspirations et nos valeurs, donnant ainsi cohérence et sens à nos actions ;
- en apprenant à nous gérer nous-mêmes grâce à des priorités claires qui nous évitent de perdre notre temps à accomplir des tâches peu importantes et peu susceptibles de nous aider à atteindre nos objectifs ;
- en adoptant une attitude gagnant-gagnant et en cherchant systématiquement à trouver un équilibre entre nos besoins et ceux des autres ;
- en écoutant les autres avec une véritable empathie et une envie de les comprendre, sans les juger et sans chercher à préparer notre réponse ou à leur imposer notre interprétation ;
- en coopérant avec les autres de manière créative avec un esprit ouvert, à l'affût des synergies, ce qui suppose de valoriser les différences d'opinion plutôt que de les redouter ;
- enfin, en cherchant à s'améliorer en permanence et en cultivant l'interdépendance dans tous les aspects de la vie au jour le jour.

Au final, il s'agit de créer une spirale vertueuse que Covey résume en trois mots : « Apprendre, s'engager, faire. » « Apprendre » signifie ouvrir son esprit à de nouvelles connaissances, « s'engager » signifie que nous seuls décidons des changements à apporter à notre vie, et « faire » signifie que nous ne pouvons obtenir des résultats qu'en ancrant le changement dans nos pratiques quotidiennes.

> « Apprendre sans faire, ce n'est pas véritablement apprendre. Savoir sans faire, ce n'est pas véritablement savoir. »
> (COVEY (Stephen R.) *Préface des* 7 habitudes, p. 12)

Votre avis nous intéresse !
Laissez un commentaire sur le site de votre librairie en ligne et partagez vos coups de cœur sur les réseaux sociaux !

POUR ALLER PLUS LOIN

SOURCES BIBLIOGRAPHIQUES

- BLANCHARD (Ken) et JOHNSON (Spencer), *Le manager minute*, Paris, Eyrolles, 2006. [édition originale en anglais : 1983]
- COVEY (Stephen R.), *The Seven Habits of Highly Effective People*, New York, Free Press, 2004. [édition originale : 1989] Pour la traduction française, voir : COVEY (Stephen R.), *Les 7 habitudes de ceux qui réalisent tout ce qu'ils entreprennent*, Paris, J'ai lu, 2012.
- DRUCKER (Peter), *The Effective Executive*, Oxford, HarperBusiness, 2006. [édition originale : 1967]
- EL SADAT (Anwar), *In Search of Identity: an Autobiography*, New York, Harper Collins, 1978.
- FRANKL (Viktor), *Découvrir un sens à sa vie avec la logothérapie*, Paris, J'ai lu, 2013. [édition originale en anglais, intitulée *Man's Search for Meaning* : 1946]
- FISHER (Roger) et URY (William), *Comment réussir une négociation*, Paris, Le Seuil, 2006. [édition originale en anglais, intitulée *Getting to Yes* : 1981]
- FRANKLIN (Benjamin), *Autobiography*, New York, Frank Woodworth Pine, 2006. [édition originale : 1788]
- KUHN (Thomas S.), *La structure des révolutions scientifiques*, Paris, Flammarion, 2008. [édition originale en anglais : 1962].
- LEWIN (Kurt), « Defining the Field at a Given Time », in *Psychological Review*, n° 50 (3), mai 1943, p. 292-310.
- RADON (Bernard), *Guide du leadership. Progresser vers la fonction de dirigeant*, Paris, Dunod, 2007.

- Site du *Project Happiness* (en anglais), consulté le 1 juin 2017. https://projecthappiness.com
- Site officiel de FranklinCovey (en anglais), consulté le 1 juin 2017. www.franklincovey.com
- Site officiel de Stephen Covey (en anglais), consulté le 1 juin 2017. www.stephencovey.com
- SMITH (Hyrum W.), *10 Natural Laws of Successful Time and Life Management*, New York, Business Plus, 2008. [édition originale : 1994]
- « Synergie », in *Larousse.fr*, consulté le 1er juin 2017. http://www.larousse.fr/dictionnaires/francais/synergie/76178?q=synergie#75300
- WOOLDRIDGE (Adrian), « Stephen Covey, RIP », in *The Economist*, 21 juillet 2002, consulté le 22 janvier 2017. http://www.economist.com/node/21559329

SOURCES COMPLÉMENTAIRES

Du même auteur

- COVEY (Stephen R.), *L'étoffe des leaders. Libérez créativité, talent et énergie chez vous et chez les autres*, Paris, J'ai lu, 2010. [édition originale en anglais : 1989]
- COVEY (Stephen R.), *Priorité aux priorités. S'organiser, gérer son temps et atteindre ses objectifs*, Paris, J'ai lu, 2015. [édition originale en anglais : 1994]
- COVEY (Stephen R.), *La 8e habitude. Faites-vous entendre et agissez*, Paris, J'ai lu, 2014. [édition originale en anglais : 2004]
- COVEY (Stephen R.), *Le pouvoir de la confiance. L'ingrédient essentiel de l'épanouissement et de la*

performance, Paris, J'ai lu, 2015. [édition originale en anglais : 2006]

- COVEY (Stephen R.), *La 3e voie. La solution à tous vos problèmes : la créativité*, Paris, J'ai lu, 2014. [édition originale en anglais : 2011]

Autres lectures recommandées

- ALLEN (David), *S'organiser pour réussir. La méthode* Getting Things Done *ou l'art de l'efficacité sans le stress*, Paris, Alisio, 2015.
- BOUILLOT (Charlotte), *Le Pouvoir de la confiance de Stephen R. Covey : un paramètre ignoré de la productivité*, Bruxelles, Lemaitre Publishing, coll. « 50minutes », 2016.
- SANNA (Alice), *Priorité aux priorités de Stephen R. Covey : vers une meilleure gestion de son temps*, Bruxelles, Lemaitre Publishing, coll. « 50minutes », 2016.

Vidéos

On trouve de nombreuses vidéos en ligne résumant les *7 habitudes*. En voici quelques-unes parmi les plus réussies (liens consultés le 22 janvier 2017) :

- Interview de Stephen Covey par Charlie Rose sur les *7 habitudes* (1996, 18 min, en anglais). https://www.youtube.com/watch?v=5s9jdX6CyEI
- Présentation de Thibaud Eigle de l'École des Finances

Personnelles (2014, 12 min). https://youtu.be/Wam_wJWpxXA

- Résumé en dessins animés sur la chaîne « Staytuned » (2016, 4 min). https://youtu.be/p719fHmTjnY
- Résumé en dessins animés sur la chaîne « Prendre sa vie en main » (2016, 7 min). https://youtu.be/O1psSna2PoQ
- Résumé en dessins animés sur la chaîne « Mind Biscuit » (2016, 7 min). https://youtu.be/dOnVurhcY_A
- Résumé en dessins animés sur la chaîne « Mind Parachutes » (2016, 8 min). https://youtu.be/Q0j0DwhxxE0

www.50minutes.fr

Éditeur responsable : Lemaitre Publishing
Avenue de la Couronne 382 | BE-1050 Bruxelles
info@lemaitre-editions.com

ISBN ebook : 978-2-8062-9992-5
ISBN papier : 978-2-8062-9993-2
Dépôt légal : D/2017/12603/407
Photo de couverture : © Élise Vanhecke

Conception numérique : Primento,
le partenaire numérique des éditeurs.